de près

Fêtes
en couleurs

Le Canada vu de près

Fêtes en couleurs

Susan Hughes

Texte français de
Claudine Azoulay

Éditions
SCHOLASTIC

Crédits pour les illustrations et les photos
Couverture (en haut, à g.) : Firstlight/Digitalvision; (en haut, à dr.) :
Firstlight/Corbis; (en bas, à g.) : PCL/Alamy; (en bas, à dr.) :
Firstlight/Stockbyte
4ᵉ de couverture (à g.) : Catherine London; (à dr.) : © Bruce McGowan / Alamy
Pages iii, 12, 21, 22, 25, 28, 32, 33, 35, 50, 51, 57 : istock
Pages 2, 3, 7–11 : Catherine London
Page 5 : Murray Paulson
Page 6, 23, 27, 29, 31, 36, 38, 41, 53, 55 : Firstlight/Photoresearchers
Page 13, détail : © Brand X Pictures/Alamy
Page 14 : © Bruce McGowan/Alamy
Page 16 : © Dinodia Images/Alamy
Page 17 : © Brand X Pictures/Alamy
Page 19 : © John Kershaw/Alamy
Page 40 : © VStock/Alamy
Page 43 : © Corbis
Page 48 : Canstock Photo

Un merci tout particulier à Stan Middlestadt du Conseil multiconfessionnel
ontarien des services spirituels et religieux. Merci aussi à Janak Burman,
Thomas To, Veronica Sullivan et Barbara Hehner pour leur révision du livre.

Catalogage avant publication de Bibliothèque et Archives Canada
Hughes, Susan, 1960-
Fêtes en couleurs / Susan Hughes.

(Canada vu de près)
Traduction de : Canadian festivals.
ISBN 978-0-439-93924-9

1. Fêtes—Canada—Ouvrages pour la jeunesse.   2. Jours fériés—Canada—
Ouvrages pour la jeunesse.   I. Titre.   II. Collection.

GT4813.A2H8314 2007   j394.26971   C2007-901020-2

Édition publiée par les Éditions Scholastic, 604, rue King Ouest,
Toronto (Ontario) M5V 1E1 CANADA.

6 5 4 3 2 1   Imprimé au Canada   07 08 09 10 11

Table des matières

Introduction

C'est la fête!

Au Canada, beaucoup de gens célèbrent diverses fêtes en l'honneur de personnages ou d'événements importants pour eux. Ils partagent leur foi. Ils se réunissent avec leur famille et leurs amis. Ils expriment leur gratitude.

Voici quelques-unes de ces célébrations, qui ont lieu à différents moments de l'année.

Alors, faisons la fête!

Chapitre 1

L'Aïd-el-Fitr

La fin du ramadan

Les musulmans, c'est-à-dire les gens dont la religion est l'islam, attendent avec impatience l'Aïd-el-Fitr. C'est une période de grandes réjouissances et de célébrations.

L'Aïd-el-Fitr est une fête importante parce qu'elle a lieu à la fin du mois saint de ramadan. Les musulmans suivent un calendrier religieux qui se base sur la lune et qu'on appelle **calendrier lunaire**. Ramadan, qui est le neuvième mois de ce calendrier, commence au moment où la lune montante apparaît dans le ciel sous la forme d'un mince croissant.

Les musulmans **jeûnent** durant tout le mois de ramadan. Entre le lever et le coucher du soleil, ils ne mangent ni ne boivent. Ils pensent moins à leur vie quotidienne et davantage à leur religion.

Et chaque jour, après le coucher du soleil, ils récitent une prière et prennent un repas : c'est l'*iftar*. Ils rendent aussi visite à leurs amis et à leur parenté.

Selon la tradition, les enfants ne jeûnent pas durant le ramadan.

☪ Le croissant de la lune suivante annonce l'arrivée de l'Aïd-el-Fitr.

Le ramadan prend fin quand le croissant de la lune suivante apparaît dans le ciel. Ce moment marque le début de la célébration spéciale de l'Aïd-el-Fitr, ou Fête de la rupture du jeûne.

Le début et la fin du ramadan n'ont pas lieu à des dates fixes du mois. Le ramadan dure pendant tout un cycle lunaire. En général, la fin du ramadan est annoncée officiellement dans une **mosquée** locale. C'est alors la fin du jeûne... et le début de l'Aïd!

☪ **Les familles se réunissent pour prier.**

À l'occasion de l'Aïd-el-Fitr, les musulmans remercient Dieu de les avoir aidés à jeûner pendant tout le mois. Selon eux, leurs actions et leurs prières les ont rapprochés de leur foi et des gens de leur communauté. Ils sont reconnaissants des bienfaits de la vie, comme le fait d'avoir une famille et une bonne santé.

Chaque matin, ils récitent une prière appelée *fajr.* Le dernier soir du ramadan, les familles musulmanes peuvent décorer leur maison et préparer des mets pour le lendemain. Les gens se lèvent très tôt le matin de l'Aïd-el-Fitr.

Les musulmans accueillent leur famille avec les mots « **Aïd Moubarak** » ou « Que votre fête soit bénie ».

C ✦ Les gens revêtent leurs plus beaux vêtements pour l'occasion.

Ils revêtent leurs plus beaux habits et peuvent même en acheter de nouveaux. Parfois, ils mangent une petite collation sucrée, comme des dattes. Puis ils vont à la mosquée ou dans une grande salle pour assister à une cérémonie religieuse spéciale. La congrégation remercie Dieu d'avoir aidé ses membres à jeûner pendant autant de jours. C'est tout de même remarquable!

L'Aïd est aussi le moment où l'on pardonne et donne aux autres. À cette occasion, il est important pour les adultes et les enfants de faire un don appréciable, que ce soit sous forme d'argent ou de nourriture. C'est ce qu'on appelle la *Zakat-el-Fitr*. Pour les musulmans, il s'agit là d'une façon de servir Dieu.

Il arrive que l'Aïd tombe un jour de semaine. Au Canada, certains musulmans prennent un jour de congé et n'envoient pas leurs enfants à l'école. En revanche, d'autres se lèvent tôt, prennent le déjeuner en famille et assistent à une cérémonie religieuse spéciale célébrée à leur mosquée locale. Après quoi, ils se rendent au travail ou à l'école. Ils se réunissent dans la soirée pour fêter l'Aïd en famille et entre amis.

Après la cérémonie religieuse, il y a des réceptions et des rassemblements. La fête se poursuit pendant trois jours. Les gens se réunissent dans une mosquée, un parc de quartier ou un centre communautaire. Ils rendent visite ou téléphonent à leurs amis et à leur parenté. Ils leur offrent aussi des cadeaux.

☾ Quelquefois, les enfants reçoivent en cadeau de petites sommes d'argent, ou des bonbons et des jouets.

Durant les trois jours de fête, les musulmans partagent de bons repas. En général, ils servent des mets traditionnels. Puisque les musulmans canadiens sont natifs de nombreux pays dont le Pakistan, l'Asie du

L'Aïd est l'occasion de partager des mets délicieux.

Sud-Est et l'Arabie saoudite, il est alors possible de goûter à une grande variété de plats tous aussi bons les uns que les autres.

Quel délice!

Chapitre 2

Diwali

La fête des lumières

Quand les jours raccourcissent et que les nuits deviennent de plus en plus froides, on sait que ce sera bientôt Diwali. Diwali, appelée aussi Divali ou Dipavili, est une fête célébrée par les hindous, les sikhs et les jaïns dans le monde entier, y compris au Canada. Les mots Diwali, Divali ou Dipavili signifient tous « guirlande de lumières ». Rien d'étonnant alors qu'à l'occasion de cette fête, on voie des lumières partout!

Les hindous suivent, eux aussi, un calendrier lunaire. Diwali est célébrée à la nouvelle lune, entre les mois d'Asvina et de Kartika. Au Canada, cette date tombe généralement en octobre ou en novembre et Diwali dure, la plupart du temps, cinq jours.

Pendant Diwali, les hindous remercient le prince Rama. Dans un poème indien ancien, le Ramayana, on raconte que le prince Rama a été forcé de s'exiler de son royaume pendant 14 ans. Après de nombreux exploits, il y est revenu et devint le nouveau roi. Pour célébrer son retour, les hindous allument de petites lampes à huile, appelées *diyas*.

🏵 Une statue du prince Rama

Pendant Diwali, les sikhs
commémorent la libération
d'un de leurs chefs importants, le
gourou Hargobind Ji. Pour eux
Diwali est une célébration de
la liberté. Quant aux jaïns, ils
rendent hommage à Lord
Mahavira, le fondateur du jaïnisme.

À l'occasion de Diwali, les hindous
honorent aussi Lakshmi, la déesse de
la fortune, de la chance et du bonheur.
Le premier soir de Diwali, les familles
nettoient leur maison et ouvrent leurs
fenêtres, en espérant que la déesse
leur apportera une bénédiction
spéciale. Les gens décorent aussi leur
maison de fleurs magnifiques.

Certaines familles garnissent le sol de dessins faits de poudre de riz et de calcaire broyé. Cet art se nomme *rangoli*. Les dessins ornent tous les coins de la maison pour rendre hommage à Lakshmi et lui souhaiter la bienvenue.

Des *rangolis* colorés décorent le sol et les coins de la maison.

Dans de nombreuses cultures, la lumière représente la bonté et le bonheur.

16

Mais avant tout, les hindous éclairent leur maison avec des lampes ou *diyas* pour dire à Lakshmi : « Viens visiter notre maison! »

On allume des *diyas* en l'honneur de Lakshmi.

Pour les hindous, Diwali signifie la fin d'une année et le commencement d'une autre. Le troisième jour de Diwali est le dernier jour de l'année. Ce soir-là, au Canada, les *diyas* éclairent les fenêtres des maisons, des magasins et des temples. On décore aussi les perrons et les balcons de lumières ou de lampions électriques.

Les sikhs allument, eux aussi, des *diyas* pendant Diwali. Ils prient pour ne jamais éprouver ni convoitise, ni jalousie, ni colère.

Le quatrième jour, c'est le Nouvel An. Beaucoup de familles se réunissent devant l'autel familial. Les gens allument des bougies et font brûler de l'encens en récitant une prière dédiée à Lakshmi. Ils vont ensuite assister à une cérémonie religieuse au temple et apportent des offrandes de fruits pour la déesse. Ils s'inclinent et lui chantent des chansons. Ils prient pour leur prospérité et celle de leur communauté.

Toute la journée, les fidèles hindous se réunissent avec leur famille ou leurs amis pour partager un repas. Parfois, ils s'offrent des cadeaux, tels que des friandises et des vêtements.

Dans certaines villes canadiennes comme Toronto et Vancouver, des festivités publiques ont lieu dans les hôtels de ville et les centres communautaires. On peut assister à des défilés, ainsi qu'à des spectacles de danse et de musique traditionnelles, ou encore magasiner aux étals des bazars ou participer à des ateliers.

Les gens, vêtus de très beaux vêtements, mangent et dansent tout au long des festivités qui se poursuivent jusqu'au soir.

On célèbre Diwali avec des danses et de la musique.

Beaucoup de familles hindoues ont un petit autel dans leur maison, où elles honorent Lakshmi durant toute l'année. Elles déposent de petites bougies et de l'encens devant son image.

Dehors, on allume des feux d'artifice et les enfants agitent des cierges merveilleux. Tout le monde célèbre la lumière. Selon la tradition, les bruits forts sont censés chasser les mauvais esprits et n'attirer que la bonne fortune durant l'année à venir.

Le cinquième et dernier jour de Diwali, les hommes rendent hommage à leurs sœurs. Ils leur rendent visite et prennent un repas avec elles, puis tous échangent des cadeaux. Les sœurs souhaitent à leurs frères une longue vie heureuse.

Une fois les festivités de Diwali terminées, la vie quotidienne reprend son cours normal, mais les hindous espèrent qu'il y aura un peu plus de lumière et de compréhension dans le monde.

Feux d'artifice pour célébrer Diwali.

Chapitre 3

Hanoukka

La célébration d'un miracle

Dans le monde entier, les juifs célèbrent Hanoukka. C'est une fête qui commence le 25e jour du mois de Kislev, d'après le calendrier hébraïque. Selon les années, elle tombe en décembre, à la fin de novembre ou au début de janvier. Hanoukka dure huit jours et on l'appelle souvent fête des Lumières.

Durant Hanoukka, les juifs commémorent un événement qui s'est produit il y a plus de 2000 ans, là où se trouve actuellement l'Israël. À l'époque, les Syriens-Grecs gouvernaient le pays et avaient interdit la religion juive. Après s'être emparés du temple juif situé dans la ville de Jérusalem, ils y avaient installé des autels et des idoles, et l'avaient dédié à leur dieu, Zeus.

Un groupe de juifs, menés par Judas Maccabée, ont combattu les Syriens et repris possession du temple. Ils ont aussitôt retiré l'autel de Zeus, nettoyé le temple et bâti un nouvel autel.

Hanoukka est un mot hébreu qui signifie « consécration ».

Les juifs voulaient dédier de nouveau le temple à Dieu. Il fallait, pour cela, qu'ils rallument la lampe sacrée du temple, la menorah. La menorah était censée brûler toute la nuit, nuit après nuit, mais il ne restait de l'huile que pour une seule journée. Malgré tout, les juifs ont versé l'huile dans la lampe et l'ont allumée.

La flamme a brûlé pendant huit jours et huit nuits, ce qui a donné le temps aux juifs de fabriquer d'autre huile. Ils y ont vu un miracle, et c'est ce miracle qu'ils célèbrent chaque année durant les huit jours d'Hanoukka.

✡ Les juifs célèbrent le miracle des huit jours en allumant une *hanoukkia* au temple.

Tous les soirs, les juifs allument une bougie pour commémorer chacun des jours durant lesquels la menorah est restée allumée dans le temple. Le chandelier spécial, appelé *hanoukkia*, compte huit branches plus une, le *chamach*, terme qui signifie « travailleur » ou « serviteur ».

Le premier soir, on allume le *chamach* et on s'en sert pour allumer la première bougie. Le *chamach* est placé généralement au milieu du chandelier. Le deuxième soir, on rallume le *chamach* et on s'en sert pour allumer la deuxième bougie, puis la première, et ainsi de suite pendant huit soirs.

Durant Hanoukka, beaucoup de juifs s'alimentent strictement selon la loi juive. Par exemple, ils n'ont pas le droit de consommer du lait et de la viande en même temps.

On laisse brûler les bougies toute la nuit, jusqu'à ce qu'elles soient entièrement consumées.

Les membres de la famille récitent des bénédictions ou chantent des chansons pendant qu'ils allument les bougies. Ils placent ensuite la *hanoukkia* devant une fenêtre de la maison afin de rappeler aux passants le miracle évoqué par cette célébration.

✡ Devant la fenêtre, une *hanoukkia* et une Thora, le livre de prières juif, rappellent aux passants le miracle des huit jours.

Une fois les bougies allumées, c'est le temps de souper. Certains prennent part à des fêtes communautaires, d'autres partagent un repas en famille. Les aliments typiques d'Hanoukka sont les beignets à la gelée ou les latkes (croquettes de pommes de terre) frits dans l'huile. L'huile rappelle celle qui a brûlé dans le temple il y a bien longtemps.

✡ Les beignets à la gelée d'Hanoukka.

✡ Pendant Hanoukka, on donne quelquefois des *guelt* aux enfants.

Certaines familles juives célèbrent cette tradition tous les soirs pendant Hanoukka, alors que d'autres ne le font que le premier et le dernier soir. Il leur arrive de donner aux enfants des petits cadeaux, tels que des pièces de monnaie réelles ou en chocolat appelées *guelt*.

Chanson de la toupie

J'ai une petite toupie.
En argile, je l'ai fabriquée.
Quand elle aura séché,
Avec elle, je jouerai!

Refrain :
Oh! toupie, toupie, toupie,
En argile, je l'ai fabriquée.
Quand elle aura séché,
Avec elle, je jouerai!

Elle tourne sur sa pointe,
A quatre faces carrées.
Quand elle est fatiguée,
Elle tombe et j'ai gagné!
(Refrain)

Ma toupie est joyeuse.
Elle aime danser, tourner.
Viens jouer avec moi
Et ma toupie préférée.
(Refrain)

Les enfants jouent à différents jeux avec une toupie à quatre faces, le dreidel. Les lettres inscrites en hébreu sur les faces de la toupie rappellent le miracle qui s'est produit dans le temple en Israël.

Même si la célébration d'Hanoukka prend fin au bout de huit jours, dans un grand nombre de familles, on continue de fredonner la *Chanson de la toupie* encore longtemps!

✡ **Des enfants jouent avec des toupies.**

Chapitre 4

Noël

La naissance du Christ

Au Canada et partout ailleurs dans le monde, de nombreux chrétiens fêtent Noël le 25 décembre. Pour eux, cette date correspond à la naissance de Jésus-Christ, qu'ils croient être le fils de Dieu.

La Bible, le livre saint des chrétiens, raconte l'histoire de Noël.

Il y a plus de 2000 ans, dans la ville de Nazareth, l'ange Gabriel est apparu à une femme nommée Marie. Il lui a annoncé qu'elle allait donner naissance au fils de Dieu.

Marie et son époux Joseph se sont rendus à Bethléem. Comme il n'y avait pas de place pour eux dans les auberges, ils se sont installés dans une étable. Et là, Marie a donné naissance à Jésus, puis elle l'a couché dans une **mangeoire**.

Cette nuit-là, une étoile brillante est apparue dans le ciel, et des bergers, à qui un ange avait annoncé la naissance de Jésus, l'ont suivie. Trois Rois mages ont suivi l'étoile, eux aussi.

Les bergers et les Rois mages savaient que ce nouveau-né n'était pas un bébé ordinaire, et sont venus l'adorer.

🔔 On peut voir dans de nombreuses églises des scènes représentant la nativité.

Les Rois ont apporté à Jésus des cadeaux : de l'or, de l'**encens** et de la **myrrhe**.

Les chrétiens croient que Dieu a envoyé Jésus sur Terre pour qu'il apprenne aux gens à mener une vie honorable et à servir Dieu. Jésus leur a livré un message disant qu'il est important de s'aimer les uns les autres. Les chrétiens croient aussi que, grâce à Jésus, ils pourront, à leur tour, se retrouver auprès de Dieu après leur mort.

Pour les chrétiens, Noël est une période heureuse, consacrée à la célébration de la naissance de Jésus et de son message d'espoir. Beaucoup de gens s'envoient des vœux sous forme de cartes de Noël. Ils rendent visite à leurs amis ou se réunissent pour chanter des cantiques de Noël évoquant la naissance de Jésus.

Beaucoup de chrétiens vont à l'église à Noël.

À Noël, beaucoup de gens installent un sapin dans leur maison. Ils l'ornent de lumières, de boules colorées et autres parures. Certains accrochent une étoile ou un ange au sommet de l'arbre. Ces décorations leur rappellent l'étoile qui est apparue dans le ciel pour guider les bergers et les Rois mages jusqu'à Jésus, ou bien l'ange qui est apparu aux bergers. Ils emballent des cadeaux et les placent sous le sapin. Plus tard, ils se les offriront les uns aux autres, comme les Rois mages ont offert de précieux cadeaux à l'Enfant Jésus.

Il n'y a pas que les chrétiens qui fêtent Noël. Beaucoup de gens décorent un sapin, échangent des cadeaux et attendent avec impatience la visite du père Noël. Ils en profitent pour se réunir et faire la fête.

Beaucoup de chrétiens offrent aussi de l'argent ou des cadeaux aux gens qui sont dans le besoin. Pour eux, il est important de partager les bonnes choses de la vie durant la période de Noël.

Certains enfants pensent que le père Noël leur rendra visite. Ils croient que le père Noël vit au pôle Nord et fabrique des jouets pour eux. La nuit de Noël, pendant que les enfants dorment, le père Noël parcourt le ciel avec son traîneau tiré par des rennes. Il visite chaque maison et apporte des cadeaux aux enfants.

Beaucoup d'enfants préparent une collation composée de biscuits ou de fruits, à l'intention du père Noël. Il a forcément très faim au cours de la nuit la plus occupée de l'année!

La tradition du sapin de Noël est née en Allemagne, il y a plusieurs centaines d'années.

Le matin de Noël, les familles se réunissent au pied du sapin pour s'échanger des vœux et déballer leurs cadeaux. Certaines personnes vont à l'église. Elles saluent leurs amis et leur parenté avec des « Joyeux Noël! »

De nombreuses familles canadiennes passent la journée avec leurs proches. Le soir, les gens se réunissent avec leurs amis ou leur parenté pour partager un délicieux souper de Noël, composé notamment d'une dinde avec des canneberges et d'un dessert, le plus souvent un gâteau en forme de bûche.

Heureusement, au Canada, le lendemain de Noël est aussi un jour férié. Les gens ont alors une journée de plus pour se détendre.

Chapitre 5

Kwanzaa

Un temps pour remercier

Depuis des millénaires, les habitants de l'Afrique ont toujours travaillé fort pendant les moissons. Quand ils avaient terminé, ils se réunissaient avec leur famille et leurs amis afin de rendre grâce pour la récolte. Ils partageaient leurs fruits et leurs légumes et se réjouissaient!

De nos jours, une fête spéciale nous rappelle ces célébrations anciennes liées aux récoltes. Elle se déroule du 26 décembre au 1ᵉʳ janvier. Cette fête s'appelle Kwanzaa; elle est célébrée au Canada et aux États-Unis. Kwanzaa est un mot tiré d'une langue africaine, le swahili, et signifie « premiers fruits ». C'est une période de rassemblement, de partage et de réflexion qui rappelle le temps des moissons anciennes.

On a commencé à fêter Kwanzaa il y a une quarantaine d'années, à l'initiative d'un Afro-Américain du nom de Maulana Karenga qui était très fier de ses ancêtres africains. Il admirait leurs traditions et leurs valeurs, et souhaitait que les Africains vivant en Amérique du Nord se souviennent des coutumes de leurs ancêtres et les suivent. Il se disait que cela contribuerait à rendre le monde meilleur.

Pendant la période de Kwanzaa, les gens décorent leur maison en noir, vert et rouge. Ils préparent et dégustent de somptueux repas. Bien souvent, les mets proviennent de différentes régions d'Afrique. On a donc l'occasion de pouvoir déguster tous les soirs une variété de plats succulents!

Des familles célèbrent la fête des anciennes moissons.

Symbole	Ce qu'il symbolise
Mkeka (napperon en paille)	les traditions
Mazao (fruits et légumes)	le travail collectif, la moisson
Muhindi (épis de maïs)	les enfants, qui sont l'espoir et l'avenir
Kinara (chandelier)	les premiers hommes et femmes africains
Kikombe cha umoja (tasse de l'unité)	le fait d'être ensemble (unité)
Mishumma Saba (les sept bougies)	les sept principes/ jours de Kwanzaa
Zawadi (présents)	le labeur et l'amour des parents; les promesses des enfants

Les gens racontent l'histoire de leur famille et célèbrent la richesse de leur patrimoine culturel.

Kwanzaa est aussi une période de réflexion sur soi-même afin de devenir meilleur. Cette fête dure sept jours. À chacun correspond une croyance importante sur laquelle les gens méditent; ils s'efforcent d'en faire leur objectif ce jour-là. Ils espèrent aussi pouvoir faire en sorte que cette croyance fasse partie de leur vie quotidienne durant toute l'année.

Les sept principes de vie

Jour un : *Umoja* (Unité) ⊠
Garder l'unité au sein de la famille et
de la communauté. Coexister en
harmonie avec les amis et les voisins.
Travailler et avoir des loisirs ensemble.
S'efforcer de vivre en paix.

Jour deux : *Kujichagulia* ⊞
(Détermination)
Prendre de bonnes décisions et se
fixer des buts. Croire en soi. Assumer
la responsabilité de ses actes.

Jour trois : *Ujima* ✖
(Solidarité dans le travail et responsabilité)
Travailler main dans la main avec les
autres et les aider. Fortifier sa
communauté.

Jour quatre : *Ujamaa* ⚥
(Coopération économique)
Employer son argent de façon à ce que tout le monde ait une vie meilleure. Penser aux autres quand on dépense de l'argent. Faire des achats ensemble.

Jour cinq : *Nia* (Objectif collectif) ⚰
Planifier. Réfléchir aux conséquences de ses actes. S'inspirer de l'histoire. Aider les autres à atteindre leurs objectifs.

Jour six : *Kuumba* (Créativité) ⚘
Exprimer ses sentiments et ses croyances par le dessin, la danse et la peinture. Faire tout son possible pour embellir sa communauté. Réfléchir sans s'imposer de limites. Embellir sa maison. Reconnaître ses talents.

Jour sept : *Imani* (Foi) ☥
Croire en soi, en sa famille, en ses enseignants et en ses dirigeants. Croire en son peuple.

Chaque soir, les familles se rassemblent pour une cérémonie spéciale de Kwanzaa. On dispose sur un napperon en paille des fruits, des légumes et des épis de maïs, un pour chaque enfant de la famille. Il y a aussi un chandelier à sept branches, une pour chacun des jours de la fête.

Les symboles liés à la fête de Kwanzaa.

Chaque soir, un enfant allume une des bougies du chandelier. Le premier soir, on allume une bougie; le deuxième soir, on en allume deux, et ainsi de suite. La famille discute de la croyance du jour. Tous les membres de la famille boivent dans la tasse de l'unité et mangent ensemble. Après le repas, ils s'offrent parfois un petit cadeau, la plupart du temps fait à la main.

Le dernier jour de Kwanzaa, le 1er janvier, s'appelle *karamu*. Ce soir-là, il y a une grande fête. Les gens se rendent les uns chez les autres ou vont au restaurant en groupe pour partager un festin. Ils dansent, racontent des histoires ou font des discours. Ils rendent hommage à leurs ancêtres et rêvent à l'avenir. Ils promettent de prendre soin les uns des autres et de mener une vie honorable. Et ils s'amusent beaucoup!

Chapitre 6

Le Nouvel An chinois

Gung hay fat choy!

« Gung hay fat choy! »

« Gung hay fat choy! »

Tous les gens massés sur le parcours du défilé scandent ces mots cantonais qui signifient « Que la prospérité soit avec vous! »

Le Nouvel An chinois est la fête chinoise la plus importante. Il est célébré le 1er jour de l'année chinoise qui compte 12 mois. Comme le calendrier chinois se base sur la lune et le soleil, la date du Nouvel An varie d'une année à l'autre mais tombe généralement entre le 21 janvier et le 19 février.

Chaque année porte à tour de rôle le nom d'un des 12 animaux suivants : rat, buffle, tigre, lièvre, dragon, serpent, cheval, chèvre, singe, coq, chien et cochon.

Quelques jours avant le Nouvel An, les familles nettoient et époussettent leur maison, pour chasser ce qui est ancien et accueillir ce qui est nouveau.

Pour les Chinois, le rouge est la couleur de la chance et du bonheur.

Les familles disposent en pyramide des pommes rouges et des oranges. Elles accrochent des décorations rouges sur

On suspend des décorations partout dans la maison pour porter chance.

lesquelles on peut lire en caractères chinois : « Bonne chance et longue vie! »

C'est également à ce moment-là que les familles disent au revoir au dieu de la cuisine, qui selon la tradition vit dans toutes les maisons. À la fin de l'année, l'esprit se rend au paradis pour y faire un rapport sur le comportement des occupants de la maison. Les familles offrent au dieu de la cuisine des aliments sucrés, tels que des oranges et de la canne à sucre pour l'inciter à dire de bonnes choses à leur sujet.

La veille du jour de l'An, les familles écrivent des vœux de bonne chance au stylo doré sur du papier rouge et les disposent partout dans la maison. Tous les membres de la famille font un souper spécial, mais prennent soin de ne pas manger toute la nourriture. Celle qu'ils gardent symbolise la chance et sera dégustée le jour de l'An.

Selon une vieille légende chinoise, une bête nommée Nian entrait silencieusement dans les maisons la veille du jour de l'An et en dévorait les habitants. Mais on a découvert que Nian avait peur des bruits forts et du rouge. Alors, la veille du jour de l'An, les gens ont allumé des feux d'artifice, ce qui a provoqué des détonations. Ils ont aussi décoré leur maison en rouge. En voyant Nian s'enfuir, les gens se sont réjouis. On prétend que c'est ainsi qu'ont débuté les célébrations du Nouvel An.

Tout le monde reste éveillé le plus
longtemps possible, même les petits.
À minuit, on allume des chaînes
de pétards et on accueille le dieu de
la cuisine à son retour. Les jeunes
s'inclinent devant les adultes en
signe de respect et reçoivent de petites
enveloppes rouges appelées *lai see*.
Elles contiennent de l'argent
porte-bonheur.

Au Nouvel An, on offre des enveloppes rouges contenant de
l'argent ou des friandises.

La bonne fortune arrive le jour de l'An. On cesse alors tout nettoyage, car on ne veut surtout pas chasser la bonne fortune en la balayant! Les gens ont l'impression de prendre un nouveau départ. En célébrant les anciennes traditions, ils conservent toutefois un lien avec leurs ancêtres et le passé.

Chacun se comporte très bien. Selon la tradition, la manière dont on agit ce jour-là détermine ce qui nous arrivera pendant le reste de l'année.

Les gens portent de nouveaux vêtements. Ils sortent rendre visite à leurs grands-parents, puis à leurs amis. Ils s'offrent des cadeaux, partagent de la nourriture et pensent à leurs ancêtres. « Gung hay fat choy! » se souhaitent-ils les uns aux autres.

Les festivités du Nouvel An durent 15 jours. Le 7ᵉ jour, chacun célèbre son anniversaire. Partout on peut voir des lampions. Les gens se rassemblent pour faire la fête. Ils assistent au défilé du dragon, à d'autres feux d'artifice et, finalement, le 15ᵉ jour, à un magnifique festival de lanternes. Quelle fête!

◆ **Des enfants dansent pendant les célébrations du Nouvel An chinois.**

Glossaire

Aïd Moubarak : souhait exprimé à l'occasion de l'Aïd-el-Fitr, signifiant « Que votre fête soit bénie »

calendrier lunaire : calendrier basé sur le cycle de la lune

chamach : bougie située au milieu de la *hanoukkia* et utilisée pour allumer les autres bougies durant Hanoukka

diyas : petites lampes à huile en argile

encens et myrrhe : substances résineuses aromatiques qu'on fait brûler pour leur odeur

fajr : prière du matin chez les musulmans

guelt : argent

hanoukkia : chandelier à neuf branches utilisé durant Hanoukka

iftar : moment de la soirée où les musulmans peuvent rompre le jeûne du ramadan, ce qu'ils font généralement en famille

jeûner : rester sans manger et sans boire pendant un certain temps

Karamu : grande fête à la fin de Kwanzaa

lai see : petites enveloppes rouges contenant de l'argent, distribuées lors du Nouvel An chinois

mangeoire : dans une étable, récipient dans lequel mangent les animaux

mosquée : lieu de culte des musulmans

rangoli : chez certaines personnes originaires de l'est de l'Inde, dessin réalisé sur le sol à l'aide de poudre et composé de formes géométriques

Zakat-el-Fitr : aumône ou don fait pendant le ramadan